WIR
Vom Mut zum Miteinander

FSC
www.fsc.org
MIX
Papier aus verantwortungsvollen Quellen
FSC® C014138

Gesetzt aus der Palatino, Gill Sans

Medieninhaber, Verleger und Herausgeber:
Red Bull Media House GmbH
Oberst-Lepperdinger-Straße 11–15
5071 Wals bei Salzburg, Österreich

Umschlaggestaltung: b3K design, Andrea Schneider, diceindustries
© Fotos S. 6, 36/37 und 70: Dietrich Grönemeyer
Printed in the Czech Republic

ISBN 978-3-7110-0109-2

1 2 3 4 5 6 7 8 / 19 18 17 16

DIETRICH
GRÖNEMEYER

WIR

Vom Mut zum Miteinander

Ein Manifest

ecowin

Inhalt

Wir!

Wir sind WIR
Eine Gemeinschaft der Gleichen
Wir sind WIR
Ein begeistertes Team

Wir sind DU
Frau, Mann oder Kind
Wir sind DU
Ein wundervoller Mensch

Wir sind KIND
Ein lächelndes Wesen
Wir sind KIND
Manchmal ängstlich dazu

Wir sind ICH
Ein Kraftquell der Freude
Wir sind ICH
Ein strahlendes Licht

Wir sind WIR
Eine Gemeinschaft von Starken
Wir sind WIR
Eine Freundschaft fürs Leben

WIR sind EINS

Kunstwerk Leben

Nahezu 7,5 Milliarden Menschen leben heute auf unserem Erdball, bald dreimal so viele wie 1950. Der schrecklichen Armut vieler Länder stehen der unermessliche Reichtum und der Wohlstand großer Industrienationen gegenüber. An Möglichkeiten zur Hilfe fehlt es nicht. Die materiellen, auch die technischen und die wissenschaftlichen Voraussetzungen für einen humanen Ausgleich waren nie besser. Die moderne ökologische Landwirtschaft könnte genug für alle produzieren. Kein Regenwald müsste dafür abgeholzt werden. Es würde genügen, dass wir weniger verschwenderisch und nicht zerstörerisch mit den Ressourcen des Globus umgehen, damit jeder am Wohlstand teilhaben kann.

Die rasant voranschreitende Forschung und das wachsende Umweltbewusstsein, beides zusammen erlaubt die Lösung von Problemen, die noch vor wenigen Jahrzehnten menschheitsbedrohend waren. Als Ärzte können wir Krankheiten erkennen und heilen, die in früheren Zeiten einem Todesurteil gleichkamen. Wir können von Schmerzen befreien und Leiden lindern, die unsere Vorfahren oft qualvoll ertragen mussten.

Ein Leben in Würde sollte für jeden möglich sein, unabhängig von Geschlecht, Alter, Hautfarbe, Glaube. Dennoch ist unsere Welt, die eine, die uns allen gehört, bedroht wie lange nicht mehr. Armut, Kriege, Hungersnöte, tödliche Epidemien und unzureichende medizinische Versorgung bedrohen uns alle, die Gemeinschaft und jeden Einzelnen. Denn es gibt nur die eine Welt für die gesamte Menschheit. Nichts liegt heute, in den Zeiten der Globalisierung, noch so weit weg, dass wir uns als die Glückskinder des Wohlstands in Sicherheit wiegen könnten.

Um diese Herausforderungen der Zukunft zu bestehen, sind wir in Europa, in Amerika, in Asien und anderen Teilen der Welt technisch und materiell durchaus gerüstet. Damit allein wird es aber nicht getan sein. Dazukommen muss die Achtung vor der Schöpfung der Welt und dem Leben, das uns geschenkt wurde. Ohne sie bleibt alles Stückwerk. Schon heute laufen wir Gefahr, in der perfektionierten Technokratie sowie durch zunehmende Bürokratisierung und Überwachung zu vereinsamen. Eitelkeit und Egoismus triumphieren über den Humanismus – zum Schaden aller und eines jeden.

Höchste Zeit also, dass wir uns wieder auf das Wesentliche besinnen, auf die Grundsätze einer individuellen Lebenskunst, die allen zugutekommt, wenn sie jeder für sich beherzigt.

WIR Menschen sind alle gleich im Wert. Von Geburt an

Alle Menschen haben das gleiche Recht, als besondere, einmalige Persönlichkeiten respektiert und mit Würde behandelt zu werden.

Obwohl keiner dem anderen bis aufs Haar und bis in jede Empfindung hinein gleicht – nicht einmal bei eineiigen Zwillingen ist das der Fall –, sind wir doch alle gleich, weil wir alle denselben Anspruch haben, in unserer Einzigartigkeit anerkannt, respektiert und geliebt zu werden. Nur wer die Bereitschaft zu dieser Geschwisterlichkeit aufbringt, darf damit rechnen, in gleicher Weise angenommen zu werden. Gerade heute, da immer mehr Menschen unter der Vereinzelung leiden, sollten wir uns das wieder und wieder bewusst machen. Es geht um den Weg vom ICH zum DU, zum WIR. Das ist die ewige Botschaft des Humanismus, der vereinende Kerngedanke großer Weltreligionen und Philosophien heutiger und einstiger Kulturen. Im Begriff der Nächstenliebe verbindet das Christentum die Liebe zum anderen und zu sich selbst als Ausdruck gelebter Menschlichkeit.

Schon der Apostel Paulus, so erfahren wir aus der Bibel, soll die Christengemeinde im alten Rom davor gewarnt haben, sich allein »selbst für klug« zu halten. Sinngemäß schrieb er den Gläubigen: Da sie selbst von Gott akzeptiert, das heißt angenommen wurden, wie sie eben waren, hätten sie auch keinen Grund, andere, die ihnen fremd vorkämen, zu verurteilen oder gering zu schätzen. Vielmehr sollten sie der Welt in der Gewissheit ihres Glaubens mit fühlendem Herzen und offenen Augen begegnen und vorurteilsfrei Frieden stiften. Gutes an dem anderen tun! Niemand solle sich zwischen Gott und den Menschen stellen, wie es Martin Luther fast 1.500 Jahre später in seinen reformatorischen Konzepten ausführte.

Wer könnte die Aktualität dieser Botschaft infrage stellen? Egal, ob sie an den christlichen Gott, an Allah, an Jahwe oder den großen Manitu glauben, alle Menschen, selbst die Nichtgläubigen, die strengen Rationalisten, meinen wohl dasselbe, wenn sie die großartige Schöpfung der Natur in sich fühlen. Der sehr viel später von der Aufklärung, insbesondere von Gotthold Ephraim Lessing (1729-1781) propagierte Toleranzgedanke war bereits in den Jahrtausende alten Weltreligionen, auch der Bibel, vorgeprägt. Es handelt sich um einen humanistischen, keinen vornehmlich religiösen oder ausgeprägt christlichen Imperativ.

Die Fähigkeit zum Beistand und zur Empathie macht unser Menschsein aus. Was das bedeutet, erfährt jeder auf seine Weise. Als Arzt erlebe ich tagtäglich, wie wichtig es ist, einem anderen Menschen Hoffnung zu geben. Gerade wenn die Lage eines Patienten, wissenschaftlich betrachtet, aussichtslos erscheinen mag, haben wir ihm beizustehen. Wer sich in solchen Situationen mit der Selbstverständlichkeit einer hygienisch einwandfreien klinischen Versorgung begnügt, hat nichts verstanden, weder von der Heilkunst noch von den Menschen. Unbegreiflich ist mir die Coolness, mit der manche Ärzte ihren Patienten etwa erklären, sie hätten nach allen vorliegenden Befunden noch ein oder vielleicht zwei Jahre zu leben, um die Betroffenen anschließend mit solch einer hoffnungslosen Diagnose sich selbst zu überlassen. Das ist weder human noch entspricht es menschlicher Verantwortung, von Nächstenliebe ganz zu schweigen. Dazu aber, zu der tätigen, nicht der allein duldenden Nächstenliebe, ist jeder Mensch an jedem Ort und in jeder Lage verpflichtet. Schwache zu schützen ist oberstes Gebot!

In einer guten zwischenmenschlichen Beziehung akzeptiert jeder den anderen als gleichrangige und gleichwertige Persönlichkeit. Es gilt, unseren Nächsten mit seiner Individualität, seiner Haltung, seinen Werten zu respektieren und auf Augenhöhe mit ihm zu kommunizieren, mit dem Kind genauso wie mit dem alten Menschen. Mit einem Kind muss man vielleicht einfacher oder anders reden. Möglich ist das jedem, genauso wie wir für einen Menschen mit körperlicher oder geistiger Behinderung oder einen Patienten mit Altersvergesslichkeit beziehungsweise einer Alzheimererkrankung die richtige Sprache finden können. Das gilt für mich als Arzt in meiner täglichen Praxis für alle meine Patienten, egal welcher Kultur, welcher

Religion oder politischen Gesinnung diese angehören. Oder mit welcher Hautfarbe sie geboren wurden, ob sie einen glattrasierten Schädel haben oder Rastalocken tragen … Egal! Jeder ist gleich! Gleich viel wert!

Jeder von uns hat als Kind bestimmt schon einmal erfahren, wie schön es sein kann, mit Menschen zu kommunizieren, deren Sprache man nicht beherrscht. Es gilt dabei für mich das Herz-Seele-Prinzip, dass man, wann immer möglich, von Herz zu Herz, von Seele zu Seele, mit dem anderen eine Verbindung eingeht. Das ist bei jedem anders. Jeder Mensch schwingt anders, die Lebensgeschichte, das individuelle Wissen, Vorstellungen und Gefühlswelten sind so vielfältig wie die Menschen zahlreich sind. Deshalb mag eben der eine die eine, und die andere den anderen lieber.

Jeder Mensch, wo immer er lebt, möchte als Individuum ernstgenommen werden. Er möchte anerkannt werden in seiner Art zu denken, zu fühlen und zu handeln, in seinem kulturellen Ausdruck und Gestalten, ob es Musik, Tanz, Malerei oder sonst etwas ist. Kulturelle Vielfalt gehört zum Menschen. Der Verlust des Individuellen als Wert wirkt sich stets beschränkend aus – in der Medizin, in der Kultur, in der Bildung, tagtäglich bei der Arbeit, im Alltag, im Freundeskreis sowie in der Familie. Schon allein deshalb haben wir ein tiefes Bedürfnis danach, selbst wieder aktiv zu werden, unser Leben in die Hand zu nehmen.

Noch nie stand der Menschheit so viel Wissen zur Verfügung wie heute, dank neuester Technologien jederzeit abrufbar rund um die Welt. Und dennoch scheint es oftmals, als würden wir den Wald vor lauter Bäumen nicht sehen, nicht begreifen, dass es an der Zeit ist, alles zusammenzuführen. Ohne dass wir die ganze Tragfähigkeit der Entwicklung begriffen haben, ist das Zeitalter der Synthese angebrochen. Analysiert haben wir Tausende von Jahren, um uns schließlich in der Faszination der Details zu verlieren. Jetzt ist die Zeit, in allen Bereichen wieder die Gesamtschau zu wagen, so wie die alten Griechen zu ihrer Zeit: in der Wissenschaft, der Bildung, der Arbeit, der Kultur. Jetzt ist die Zeit, den Einzelnen und gleichzeitig die Gemeinschaft zu stärken. Keine Himmelsmacht wird uns diese Wende abnehmen. Wir müssen sie selbst gestalten, ohne Anweisung von oben, ohne Befehl. Hannah Arendt sagt: »Keiner hat das Recht zu gehorchen.« Jeder Einzelne ist verantwortlich. Das geht nur durch Eigeninitiative und über Vernetzung mit dem großen Ganzen. Die Wechselbeziehung zwischen dem Einzelnen und der Gemeinschaft ist der Raum, in dem diese Entwicklung stattfindet. Es ist ein Prozess, bei dem die Grenzen nicht klar abzustecken sind. Wichtig ist nur, dass am Ende dieses dialektischen Prozesses der Einzelne als Individuum respektiert und die Gemeinschaft als verbindende Einheit verstanden wird.

Es gibt bloß den einen wirksamen Schutz vor der Entmündigung: Selbstbewusstsein und Eigenverantwortung. »Nur tote Fische schwimmen mit dem Strom«, sagt ein Sprichwort. Um an die Quelle zu kommen, muss man gegen den Strom schwimmen. Und die Quelle ist das authentische Leben. Dahin gelangen wir aber erst, wenn wir über die Bedingungen unseres Lebens nachdenken. Wir brauchen ein an den drängenden Fragen der Gegenwart ausgerichtetes ethisches und moralisches Bewusstsein. Es geht darum, offen zu sein für Veränderungen, das Alte mit dem Neuen sinnvoll zu verbinden. Wenn die Vermittlung von Werten nicht mehr funktioniert, dann läuft die Gesellschaft Gefahr, zugrunde zu gehen. Familien, Kirchen, Schulen haben diese kontinuierliche Arbeit der Werteübermittlung früher geleistet. Wenn diese Orte und Kreise, an denen über ethische Fragen reflektiert und gestritten wird, ihre Bedeutung verlieren, erstarrt die Gemeinschaft. Zwar hören wir immer lauter das Selbstbedauern und ein allgemeines Lamento darüber. Aber das genügt nicht. Wir müssen an differenzierten Möglichkeiten arbeiten und über ethische Haltungen sprechen, die jeden Einzelnen betreffen: zu Hause, in der Schule, am Arbeitsplatz, im Freundeskreis. Die Anregung dazu wird nicht von außen kommen. Wir selbst müssen wieder lernen, unser Schicksal und das der Gemeinschaft in die Hand zu nehmen, und zwar in der humanistischen Überzeugung, dass wir alle eine große Familie sind.

Wir sollten die Speisekarte des Lebens nicht nur lesen, sondern uns selbst das zubereiten, was glücklich macht. Das gilt im Leben genauso wie für das Essen. Ist es nicht merkwürdig, dass im Fernsehen immer mehr stellvertretend für uns gekocht wird, statt dass wir selbst kochen, gestalten, handeln, Gemeinschaft erfahren? Geschwisterlichkeit ist mehr als Zugehörigkeit zu einer Gruppe von Beitragszahlern, mehr als die Verbindung von Mitgliedern einer Partei, einer Religionsgemeinschaft oder auch einer Kirche. Wer nur in Kategorien der Zugehörigkeit denkt, denkt zu einseitig. Ob wir nun Christen, Juden, Moslems, Hindus, Freidenker oder Anhänger eines anderen Glaubens sind, wir dürfen nicht nur die Gemeinschaft der Gleichgesinnten im Blick haben, sondern sollten auf die Vielfalt des Lebens schauen. Wir alle gemeinsam müssen immer wieder neu darüber nachdenken, was eigentlich das Menschliche im Menschen ist, der Kern unseres Wesens, um das Leben gemeinsam leben zu können. Die wunderbare Gleichzeitigkeit von Einzigartigkeit und Andersartigkeit macht – so empfinde ich es – das Leben besonders lebenswert. Die Substanz des Lebens macht uns alle zu Brüdern und Schwestern. Wir sind aufeinander und auf das Leben um uns herum angewiesen. Keiner von uns, auch wenn er noch so reich und noch so universell begabt wäre, könnte überleben ohne die anderen, ohne menschliche Gemeinschaft und ohne dieses Eingebundensein in das Gesamtkunstwerk Leben.

Deshalb steht für mich über allem diese unsere eine Welt:
ONE WORLD NOW!

Unser Leben ist ein Geschenk

Dieses gilt es individuell und gemeinschaftlich zu schützen und zu bewahren. Jeder hat die Chance, es zu genießen, auch indem er für sich und andere Verantwortung übernimmt.

»Es gibt zwei Arten, sein Leben zu leben«, hat Albert Einstein (1879–1955) einmal gesagt, »entweder so, als wäre nichts ein Wunder, oder so, als wäre alles eines«. Einstein, das Genie, der Naturwissenschaftler, wusste, wovon er sprach. Die rationale Einsicht konnte ihn nie um den Glauben an die Schöpfung bringen, an die »Heiligkeit des Lebens«. Wir Menschen waren, sind und bleiben eingebunden in die allumfassende Bewegung des Lebens im Großen wie im Kleinen. Dem Kosmos können wir nicht entkommen. »Wir tragen Milchstraßen in uns«, schreibt der Philosoph Friedrich Nietzsche (1844-1900). Auch jede Zelle ist in sich ein Mikrokosmos, durch den wieder ganze Milchstraßen führen. Wie die Entstehung von allem, was ist, ein großes Wunder bleibt, so auch unser – so kurzes – Dasein.

Der bewegte Strom des Lebens kommt von weit her. Vor uns lebten die Eltern, die Großeltern, die Urgroßeltern und deren Vorfahren. Von Generation zu Generation, immer weiter zurück bis ins Unergründliche, reicht die Ahnenkette. Lange davor hat es in der Entwicklungsgeschichte des Lebens eine Urmaterie gegeben, von deren Entstehung die mythischen

Überlieferungen der Völker schon vor Jahrtausenden erzählten, und die die Wissenschaften noch immer zu erforschen versuchen. Erst ansatzweise können wir uns ein Bild von der Entstehung der Planeten und ihrer Verbindung im Kosmos machen. Der Urknall soll vor etwa 13,7 Milliarden Jahren stattgefunden haben. Für das Universum wird ein Radius von 45,64 Lichtjahren angenommen, angefüllt mit rund 170 Milliarden hellen Galaxien. So viel wenigstens glauben wir einigermaßen verbindlich herausgefunden zu haben.

Wirklich sicher aber können wir uns nur in einem sein, darin nämlich, dass wir Glieder einer Kette des Lebens sind, die sich aus der Vorzeit bis in die Gegenwart spannt, um sich noch weiter zu verlängern. Vorausgesetzt, dass wir sie nicht mutwillig, übermütig oder gedankenlos zerreißen.

Jeder von uns ist als ein Glied in diese kosmische Kette eingebunden. Man kann das materiell begründen und sagen, dass jedes Molekül unseres Körpers einst Teil eines früheren Körpers oder anderer Lebewesen beziehungsweise Mineralien war. Ebenso kann man es aber auch geistig verstehen. Bauen wir doch alle, so avantgardistisch wir uns auch geben mögen, grundsätzlich auf dem auf, was andere vor uns gedacht und geschaffen haben, um unserseits damit den Boden für die kommenden Generationen zu bereiten. Entscheidend ist: Wir bleiben verbunden bis über den Tod hinaus. Diese Teilhabe an der Universalität des Lebens gehört zu dem, was unser individuelles Dasein so wunderbar und bedeutungsvoll macht. Das gilt auch für die mehr als 100 Milliarden Menschen, die bereits verstorben sind. Wir sind mit ihnen verbunden, ob wir es spüren oder nicht. Sonst würden wir nicht leben dürfen. Wir alle tragen den Anfang in uns. Was für ein Geschenk!

Immerfort wird dieses Geschenk des Lebens weitergereicht, von Generation zu Generation. Selbst wenn wir keine biologischen Nachkommen haben, können wir weiterleben in den Ergebnissen unseres Nachdenkens und den Produkten unserer Kreativität. In der Erziehung der Kinder, ob eigener oder fremder, werden wir Spuren hinterlassen, ebenso im Leben anderer Menschen, mit denen wir in Berührung kommen. Jeder von uns berührt in seinem Leben andere einzigartig, auf ganz unverwechselbare Weise, auch mit Gedanken, Worten und Gesten, die weiterwirken und damit andere, unsere Nachfahren, inspirieren können.

Ob darüber hinaus etwas von unserer seelisch-geistigen, unserer individuellen Substanz überleben wird, bleibt eine Frage des Glaubens. Ich glaube daran. Auch wenn ich es nicht beweisen kann, so prägt diese Überzeugung meine Haltung als Mensch und als Arzt entscheidend. Ich weiß, welche Kraft man daraus gewinnen kann, auch welche Demut und Dankbarkeit gegenüber der Schöpfung. Wie immer man sie sich über die Jahrtausende hin erklären mochte, mythologisch, religiös oder wissenschaftlich, wir alle wären nichts ohne sie.

Auch ich hatte Phasen, in denen ich ausgesprochen atheistisch dachte, von keinem Gott etwas wissen wollte. Aber selbst damals spürte ich in mir eine tragende Kraft. Auch hierin gründet eine humanistische Haltung: Wer sich verbunden weiß, als Teil eines Ganzen begreift, wird sich selbst nicht so wichtig nehmen und ins Zentrum stellen. Verbundenheit ist eine Quelle der Lebendigkeit. Am stärksten spüren wir das in der Liebe: Je mehr ich mich verbunden fühle, desto lebendiger fühle ich mich, desto kraftvoller. »Das höchste Heilmittel ist die Liebe«, sagte einer der bedeutendsten Ärzte und Naturforscher des Mittelalters, Paracelsus (1493–1541).

Aber viele Naturwissenschaftler fahren heute erst einmal alle Stacheln aus, wenn sie hören, dass da jemand ist, der der Spiritualität noch einen gewissen, auch heilenden Wert beimisst. Und selbstverständlich ist es kein Zufall, dass uns diese Fragen meist in bedrohlichen Situationen der Krankheit, an der Grenze zwischen Leben und Tod beschäftigen. Als Arzt frage ich mich gerade in solchen Situationen: Was ist die Welt, was sind die Menschen, was ist unsere eigene Existenz, was ist der Sinn des Lebens? Der Arzt, der sich der Medizin als rein naturwissenschaftlicher Disziplin verschrieben hat, der den Menschen als eine Maschine ansieht und behandeln will, läuft schnell Gefahr, in eine Sackgasse zu geraten, wenn er nicht schon mittendrin steckt. Denn der Mensch fühlt! Und daher sind seine komplexen Körperreaktionen in jeder Sekunde anders, nur bedingt zuverlässig messbar. Deshalb wäre es vermutlich sinnvoll, den Begriff Körpergeist in die Medizin einzuführen, um dieses psychosomatische Wechselspiel nie wieder in der Medizin zu vergessen.

Der Glaube, dass der Mensch nach maschinellen Gesichtspunkten organisiert, gewartet und repariert werden kann, ist allemal trügerisch und ein Grund dafür, dass wir in der Medizin weltweit immer mehr in ein technologisches und medikamentenbezogenes Denken und Handeln hineingezogen werden.

Natürlich müssen wir alle technischen und medikamentösen Möglichkeiten der Behandlung ausschöpfen, um einen Menschen zu retten, zu heilen oder sein Leben wenigstens erträglicher zu gestalten. Ebenso müssen wir uns jedoch der Einsicht beugen, dass auch die Krankheiten Teil des geschenkten Lebens sein können. Sie stellen uns auf die Probe. Sie verlangen von uns – vom Erkrankten wie vom Therapeuten – die Bewältigung einer Gefahrensituation, vielleicht sogar einer existenziellen Bedrohung. Das kann auch eine Chance sein. Denn in dem Moment, da ich merke, dass ein bestimmter Teil von mir funktionsunfähig wird, sei es körperlich, sei es mental, werde ich zum Nachdenken veranlasst. Ich bin herausgefordert, in eine tiefere Dimension meines Daseins vorzudringen, mich auf das Wesentliche zu konzentrieren.

In der Not wächst die Zuversicht, nicht immer und bei jedem, aber doch sehr viel öfter, als wir glauben. Ich habe dies bei einem tiefen Absturz von einem Berg selbst erfahren. Wenn ich verstehe, dass das Leben ein Geschenk ist, wenn ich es nicht einfach als gegeben hinnehme, dann gibt mir das neue Lebendigkeit. Das Bewusstsein, überhaupt existieren zu dürfen, reicht über mein individuelles Dasein hinaus. Ich erfahre ein Unendlichkeitsgefühl. Das Herz wird mir weit, weil es voller Mitgefühl für jeden ist. Diese Verbundenheit führt zu Respekt und Toleranz, zu Ehrfurcht und eben zu unendlicher Dankbarkeit, aber auch zu innerer Ruhe, Gelassenheit, Gleichmut und gleichzeitig wieder zur Tatkraft. Dieses Entspanntsein aufgrund der Einsicht, dass wir Teil eines Ganzen sind, führt zu medizinisch durchaus messbaren und gesundheitlich wirksamen Ergebnissen. Wenn die alten Chinesen Gesundsein als Ausgeglichenheit von Yin und Yang, von Anspannung und Entspannung definiert haben, als körperliche und seelische Harmonie, dann resultiert das doch ebenfalls aus einem Konzept, das die Balance und die Verbundenheit zum Ausgangspunkt hat.

Im Gedanken der Einen Welt und der Vision von der Einen Menschheit, wie sie der positiv verstandene Begriff der Globalisierung einschließen sollte, steckt unendlich viel Hoffnung, auch der Glaube an das Gute in uns, könnte man beinahe pathetisch sagen. Unsere Gemeinsamkeit wird uns neu bewusst. Zwar gibt es weltweit noch immer schreckliche Not und schreckliches Elend. Niemand, der die Augen aufmacht, kann das übersehen. Zugleich aber können wir feststellen, dass die Bereitschaft zu spontaner Hilfe und Solidarität deutlich zugenommen hat, nicht zuletzt bei jüngeren Menschen. Nicht bloß die großen Hilfsorganisationen, Kirchen und Staaten, auch Privatpersonen spenden großzügiger, um Flüchtlingen, hungernden Kindern, den Opfern von Kriegen und Naturkatastrophen oder sonst irgendwie bedrohten Menschen zu helfen. Bei der Hilfe in der Not zählen nicht die Herkunft, Hautfarbe oder Religion, da zählt nur noch der Mensch.

Diese solidarische Haltung ist Teil unseres Menschseins! Nur scheint das manchmal in Vergessenheit zu geraten, besonders in politisch aufgeheizten Momenten. Wir werden diese Haltung aber weiterhin brauchen, da es ungeachtet allen Fortschritts auch in Zukunft keine Gewähr gegen Naturkatastrophen oder menschlich verursachtes Unglück geben wird. Denn es bleibt nie bei diesen nur scheinbar einmaligen und besonders dramatischen Unglücksfällen. Schleichende, aber deswegen nicht weniger gewaltige Katastrophen wie Armut, Hunger und Krankheit erfordern dauerhafte Solidarität. Globalisierung bedeutet nicht nur internationale Konkurrenz und wirtschaftlichen Wettkampf, sondern auch die aus der Not geborene Einsicht, dass wir ein gemeinsames Schicksal teilen. Sie kann Menschlichkeit und Rücksichtnahme nach sich ziehen. Durch die Globalisierung rückt uns der andere Mensch näher. Wir können ihn viel direkter als früher wahrnehmen.

Gerade weil unsere Erde aus dem Gleichgewicht zu geraten droht, unser Leben – das aller und das eines jeden Einzelnen – seine Balance verlieren könnte, wächst ein neues Bewusstsein für diese Gefahr, das Verlangen nach der Gemeinsamkeit aller Menschen. Geschwisterlichkeit – das ist für mich als Naturwissenschaftler auch ein naturgegebenes Faktum. Denn die DNA aller Menschen ist ja zu mehr als 99 Prozent identisch. Unterschiede bestehen in der Äußerlichkeit: der Schwarze, der Weiße, der Asiate, der Indianer, der Mestize, jeder hat eine eigene Farbe, hat bestimmte Gesichtszüge. Der eine ist größer, die andere kleiner. Grundsätzlich anders gebaut ist keiner. Das Entscheidende und Unterscheidende sind Geist und Seele: Wir sind anatomisch gleich angelegt, was den Körperbau, die Organe und den allgemeinen Stoffwechsel betrifft, jedoch an Seele und Geist unterschiedlich und einzigartig, individuell. Aber genau darin besteht dann paradoxerweise auch das wundervoll Gemeinsame: Alle Menschen sind gleich in ihrer Verschiedenheit, in ihrer Einzigartigkeit. Auch unter den Bedingungen der Globalisierung wollen wir unsere Individualität intensiv und selbstbestimmt leben können. »Das Leben ist zu kostbar, um es mit Anpassung zu verschwenden«, sagt Sten Nadolny in seinem 1990 erschienen Buch *Selim oder die Gabe der Rede*.

Unser Leben ist ein Geschenk, das es umso mehr zu schätzen gilt, als wir im tiefsten Inneren, wenn wir es nicht wollen, nicht isoliert sein müssen. Alle Seelen sind miteinander verbunden, auch im Hier und Dort. Ich bin ich, einerseits – andererseits existiert dieses Ich nicht vereinzelt. Es ist zeitlich wie räumlich eingebunden in die Schöpfung der Welt, worauf man sie auch zurückführen mag. Grund genug, das eigene Leben mit Dankbarkeit anzunehmen, immer wieder aufs Neue.

Unser menschliches Dasein verschmilzt Körper, Seele und Verstand zu einer Einheit

Dieser Verschmelzung sollten wir mit staunendem Respekt begegnen. Es ist ein großes Glück, dies zu erfahren und darüber nachzudenken.

In Europa, in Amerika, in Australien, auch in großen Teilen Asiens und sogar im äußersten Süden Afrikas haben die Menschen das Glück, in reichen Ländern leben zu können. Den meisten geht es gut; sie sind bestens oder wenigstens auskömmlich versorgt – trotz zunehmender Schere zwischen Arm und Reich, trotz wachsender Kinder- und Altersarmut. Viele Wirtschaftsdaten sprechen dafür, dass wir glücklich und zufrieden sein könnten. Stattdessen wirkt unsere Gesellschaft oft freudlos und überanstrengt, zunehmend aggressiver. Immer mehr Menschen klagen über Burnout. Sie sind frustriert, wenn sie nicht mehr so mithalten können, wie es die Werbung und das Marketing der Konsumgesellschaft – auch mit Leitfiguren – tagtäglich vorgeben. Sie haben die schlichte Freude am Dasein verloren. Ihr Körper und ihre Seele rebellieren gegeneinander, statt im Einklang das Glück des Lebens zu empfinden. Im Verlangen nach immer mehr werden wir Menschen einsamer und geistig ärmer, teilweise krank.

Das alles erweist sich mehr und mehr als die diabolische Kehrseite unseres Wohlstands. Wer so viel erreicht hat wie wir, denke ich andererseits, sollte aber auch in der Lage sein, wieder zu sich zu kommen, und das im wahrsten Sinne des Wortes. Wir müssen ja nicht alles mit unserem Verstand ausmessen wollen. Bei allem Respekt vor der Forschung und bei aller Einsicht in die Notwendigkeit des wissenschaftlichen Fortschritts, für den ich selbst seit Jahrzehnten arbeite, sollten wir uns das Staunen nicht versagen. Und was um alles in der Welt wäre mehr zu bestaunen als die einmalige Verbindung des Körpers und der Seele mit dem Verstand und der Gefühlswelt. Das zeichnet uns als Menschen aus.

Ich bin wiederholt in Thailand gewesen, auch in Bhutan und in Sri Lanka. In all diesen vom Buddhismus oder Hinduismus geprägten Ländern des asiatischen Kulturkreises, wo die Menschen nicht gerade auf Rosen gebettet sind, habe ich meist eine ganz andere Lebensfreude erlebt als hierzulande, im reichen Westen. Im Grunde aber brauchen wir gar nicht so weit zu reisen.

Schauen wir doch nur auf unsere Kinder, die morgens aufwachen und strahlen: Hurra, ich bin da! Und dass selbst die Kinder das heute oft nicht mehr können, weil sie unter negativem Stress leiden oder sich vor einem Schultag fürchten, an dem sie wieder die ehrgeizigen Erwartungen ihrer Eltern, Lehrer und erziehungspolitischer Rahmenbedingungen erfüllen müssen, sollte uns dann erst recht zu denken geben. Stress im Kindesalter? Leider keine Ausnahme mehr.

Kinder können nicht stellvertretend für ihre

Eltern leben. Aber sie tragen die Zukunft in sich. Sie machen Hoffnung und schenken uns ein Lächeln, das Lächeln, das die Welt so dringend braucht. Ohne sie wären wir verloren, und zwar in einem sehr viel umfassenderen Sinne, als es die rententechnischen Spekulationen der Politik androhen. All die Debatten um steuerliche Anreize zur Mehrung des Kinderreichtums sind doch absurd. Oder sollte es manchem wirklich nur darum gehen, dass genügend Einzahler für die Rentenkassen der nächsten 30, 50 oder 100 Jahre auf die Welt gebracht werden?

Nein, Kinder sind kein Mittel, das man einsetzen könnte, um irgendwelche Zwecke zu verfolgen. Eine derart berechnende Familienpolitik würde am Ende jede Gemeinschaft zerstören. Kinder gehen ihre eigenen Wege. Und jedes einzelne von ihnen steht innerhalb der großen Evolution für einen Neuanfang, der unglaubliches Potenzial in sich birgt, mehr, als sich die Eltern vorzustellen vermögen. Wie denn sonst hätte sich unsere Welt entwickeln können, wie sonst sollte sie eine Zukunft haben, die es den Nachkommen erlaubt, ihrem menschlichen Sosein, der Einheit von Körper, Seele und Geist, wieder mit dem staunenden Respekt zu begegnen, den wir dem Wunderwerk des Lebens heute vielfach versagen?

»Das große Geheimnis ist, als unverbrauchter Mensch durchs Leben zu gehen«, hat Albert Schweitzer (1875–1965) in einem Rückblick auf seine Kindheit und Jugend einmal gesagt. Kinder sind unverbraucht. Sie sind noch nicht abgeschliffen von den Ansprüchen, die von allen Seiten an sie gestellt werden, und sie haben noch nicht vor den Anforderungen der Gesellschaft resigniert. Kinder sind zwar empfindsam, aber nicht zerbrechlich. Sie sind schwach und stark zugleich. Natürlich brauchen sie unseren Schutz, unseren Rat und unsere Hilfe. Wir müssen ihnen beibringen, was sie brauchen, um durchs Leben zu kommen, schließlich auf eigenen Füßen zu stehen und über sich und uns hinauszuwachsen. Gleichwohl sind sie mental oft sehr viel stärker, als es die Erwachsenen für möglich halten. Das hängt damit zusammen, dass die Kinder in ihrer unmittelbaren Art noch mit dem Herzen bei dem sind, was sie tun, vor allem, wenn sie keinem Zwang ausgesetzt sind. Bei ihnen ist noch intakt und verbunden, was bei uns Erwachsenen oftmals zu zerfallen droht, eben die Einheit von körperlichem und seelisch-geistigem Sosein.

Tatsächlich tragen wir die Erfahrung des Kindseins und die Kraft der Kindheit als prägende Erfahrung ein Leben lang in uns, wenn sie auch bei vielen verschüttet ist. Gerne würden wir öfter noch staunen, käme uns das nicht albern, kindsköpfig oder, wie man heute sagen würde, uncool vor. Da gibt es für die meisten von uns vieles aus den tieferen Schichten des Unbewussten auszugraben.

Psychologen sprechen davon, man solle das »innere Kind« in sich entdecken und nach den

Möglichkeiten der eigenen Kindheit in sich suchen. Kinder in unserer Umgebung machen uns immer wieder darauf aufmerksam. Das, was Kinder haben, macht sie für unser Leben als Erwachsene wichtig: Kinder sind noch so begeisterungsfähig und fröhlich, so wissbegierig. Sie lachen gerne und viel. Sie halten die Möglichkeit lebendig, freudig, unbefangen, mit großer Kraft und Unbefangenheit von vorne anzufangen, womöglich sogar hineinzukommen in eine globale Geschwisterlichkeit. Sind die Kinder doch zunächst nicht sonderlich an Kategorien wie Prestige, Nation, Rasse oder Religionszugehörigkeit interessiert – nicht, solange wir sie nicht zur Abgrenzung ermuntern, indem wir sie ihnen vorleben.

Für sie sind Mitgefühl und Zuneigung etwas, was keinem berechnenden Kalkül folgt, sondern spontan und unmittelbar aus ihrem Inneren kommt. Erwachsene neigen dazu, Verantwortung als ernste Pflicht des Einzelnen getrennt von so positiven Emotionen wie Freude zu sehen. Freude und Wohlfühlen einerseits und Verantwortung andererseits sind aber weder unvereinbar noch handelt es sich bei dem einen wie dem anderen um ausschließlich vom Einzelnen ausgehende Haltungen. Beides kann sich zusammen entwickeln und von vielen gemeinsam wahrgenommen werden. Wenn ich allerdings versuche, mir das in der Gegenwart vorzustellen, muss ich einräumen, dass es sich bei dieser globalen Vision freudiger Gemeinsamkeit noch immer um eine Utopie handelt.

Aber die Kinder, davon bin ich überzeugt, machen der Welt Hoffnung, dass aus dieser Vision irgendwann tatsächlich so etwas wie eine weltpolitische Realität werden könnte. Natürlich streiten Kinder auch miteinander, und natürlich leben sie ihre Vitalität nicht immer nur auf friedliche Weise aus und kopieren, je älter sie werden, nicht selten ihre Erzieher, auch im Negativen. Der tiefe Zauber der Kindheit besteht jedoch gerade darin, dass die Kleinen in ihrer positiven und herzlichen Weltzuwendung anschaulich machen, wie für unsere Welt im Großen eine Veränderung zum Positiven möglich sein könnte.

Das heißt nicht, dass das wahre, das glückliche Leben ein behütetes Kinderspiel sein müsste, natürlich nicht. Vor solcher Träumerei hat mich das eigene Familienschicksal nachhaltig bewahrt, unter anderem durch den frühen Tod meines zwei Jahre jüngeren Bruders und meiner Schwägerin. Jeder muss früher oder später lernen, mit Verlusten und Niederlagen auszukommen. Zur Intensität des Lebens gehört beides: Lachen und Weinen, Freude und Trauer. »Der Mensch muss Gott für das Schlechte, das ihn trifft, ebenso danken wie für das Gute«, heißt es im Babylonischen Talmud. Auch die Wiener Lyrikerin Friederike Mayröcker kann man in diesem Zusammenhang zitieren. Nach dem Tod ihres langjährigen Lebensgefährten, des Dichters Ernst Jandl, sagte sie im Jahr 2000 in einem Interview: »Vielleicht muss man erst den Schmerz kennen lernen, um froh zu sein, dass man glücklich ist.«

Wir spüren es an Leib und Seele, wenn wir uns verlieben oder wenn wir einen geliebten Menschen verlieren. Ohne Leiden und ohne Schmerzen ist ein menschliches Leben nicht zu haben. Auch die Seele kann körperliche Schmerzen verursachen, ebenso wie uns die Erkrankung eines Organs in abgrundtiefe Verzweiflung zu stürzen vermag. Wenn es einen so oder so erwischt hat, leuchtet das jedem sofort ein. Nur, wer denkt noch daran, wenn es ihm gut geht? Machen wir uns überhaupt noch bewusst, dass es die Einheit von Körper, Seele und Geist ist, der wir bisweilen das intensive Gefühl verdanken, geradezu auf Wolken zu schweben? Denken wir noch daran, dass es auf die Balance ankommt, dass wir aus dem Gleichgewicht geraten, sobald wir glauben, dem einen Part mehr Bedeutung als den anderen geben zu müssen? Der Verlust der Balance macht krank und aggressiv. Die Balance mit sich selbst und der Welt schafft Frieden!

Die Vielfalt leben

Bis in den letzten Winkel unseres Erdballs tragen wir Verantwortung für das große Ganze, für die Menschen, Tiere und Pflanzen. Die umfassende Solidarität erfordert unseren ganzen Einsatz.

Das globale Zusammenwachsen ist ein politisches, wirtschaftliches, ökologisches und kulturelles Faktum. Eine Herausforderung, der sich Staaten und Gesellschaften ebenso zu stellen haben wie jeder in seinem Lebensbereich. Eine Chance, die wir nutzen können, wenn es uns gelingt, die alten Grenzen, die territorialen wie die mentalen, im Gedanken der Gemeinsamkeit zu öffnen, Gräben zu überwinden. Der sprichwörtliche Lauf der Welt wird uns gar keine andere Wahl lassen – nicht, wenn uns der Erhalt dieses Erdballs am Herzen liegt.

Kulturen, die sich früher isoliert voneinander entwickelten, berühren und mischen sich heute. Nicht nur in der Liebe oder in den Fußballmannschaften. Die Japaner lieben die Musik Beethovens über alles. Die Stücke des asiatischen Theaters gehören längst schon zum Repertoire deutscher Bühnen. Der Wiener Impresario André Heller begeisterte mit seiner Zirkusshow »Afrika! Afrika!« Millionen von Zuschauern in Europa. Für viele von uns ist es selbstverständlich geworden, in die entlegensten Regionen der Erde zu reisen. Die Neugier öffnet den Blick. Daheim und in der Ferne, überall kommen sich die »Fremden« in einem früher nicht vorstellbaren Ausmaß näher. Flüchtlinge werden nicht immer unbefangen oder begeistert, aber doch überwiegend hilfsbereit aufgenommen. Nicht zu reden von den Gastarbeitern, ohne die die wirtschaftliche Prosperität in vielen Ländern Westeuropas kaum nachhaltig gelungen wäre. Nicht zu reden von den Geld- und den Warenströmen, die rund um den Globus fließen, ohne dass wir überhaupt noch einen Gedanken daran verschwenden.

Wo Licht ist, da gibt es aber immer auch Schatten. Die Welt des 21. Jahrhunderts ist noch längst nicht das Paradies, von dem wir träumen mögen, wenn wir zu ihrer touristischen Erkundung aufbrechen. Auch die Katastrophen, gleich, ob sie von der Natur verursacht oder von den Menschen verschuldet werden, wirken sich heute sehr viel weiträumiger aus als in früheren Zeiten, wenn sie nicht gleich die halbe Welt und mehr noch in Mitleidenschaft ziehen. Der Super-GAU von Tschernobyl und die Reaktorkatastrophe von Fukushima, der gigantische Dammbruch mit verseuchtem Wasser in Brasilien, die große Chemie- und Umweltkatastrophe in Bhopal wurden weltweit als Katastrophen wahrgenommen, die zu politischem Umdenken zwangen, ebenso wie das Attentat auf das New Yorker World Trade Center. Nichts, in welcher Ferne es auch geschehen mag, kann uns heute noch unberührt lassen. Das gilt für Erdbeben, Tsunamis und Überschwemmungen ebenso wie für die Klimakatastrophen infolge der verheerenden Abholzung tropischer Regenwälder in Südamerika oder des Baus gewaltiger Staudämme in China. Und es gilt natürlich für den expandierenden Terrorismus weltweit.

Wo wir uns auch aufhalten mögen, über die Medien erreichen uns die Bilder des Schreckens und des Grauens fast immer umgehend. Sie prägen das kollektive Bewusstsein. Sie verunsichern die Menschen in Europa ebenso wie in Amerika, Asien, Australien oder Afrika. Hinter dem Schock und dem Gefühl einer möglicherweise allgegenwärtigen Nähe des Unheils steht die Einsicht: Wir alle können betroffen sein. Nicht irgendwann, sondern jederzeit, schon an dem Tag, da wir die Bilder aus der Ferne sehen.

AIDS, SARS, Vogelgrippe oder die Klimaveränderung zeigen es: Krisen sind plötzlich global. Seuchen und Katastrophen machen nicht an Staatsgrenzen halt, auch die Attentäter tun das nicht. Erst vor wenigen Monaten wurden wir mit den Anschlägen mittlerweile auch in Europa wieder einmal schmerzlich daran erinnert, dass wir alle eine große schicksalhafte Weltgemeinschaft bilden.

Wann und wo auch immer das Unglück über die Menschen hereinbricht, zählen weder Vermögen noch Herkunft. Als der Tsunami 2004 die Ferienparadiese von Indonesien und Sri Lanka innerhalb weniger Stunden in eine Trümmerlandschaft verwandelte, traf es Menschen unterschiedlichster Kulturen, Asiaten, Europäer und Amerikaner, Arme und Reiche gleicher-

Mit tiefem Respekt
vor dem Kunstwerk Leben.

Es ist ein
wundervolles Geschenk!

maßen. Daheim vor den Fernsehschirmen sahen wir die Bilder mit Schrecken, so entsetzt wie wir heute die Bilder der Flüchtlingsströme aus Syrien sehen: verängstigte Menschen auf überladenen Schlauchbooten, hungernde und frierende Kinder in überfüllten Flüchtlingslagern. Allesamt Kriegsopfer, die um das nackte Leben bangen müssen oder beim Massentransport sterben.

Wie damals so erleben wir aber auch heute wieder eine großartige Hilfsbereitschaft, die aller Not zum Trotz Hoffnung auf die globale Zukunft des 21. Jahrhunderts macht. Immer mehr Menschen, die das Glück haben, in den reicheren Industriestaaten zu leben, in Europa und in Deutschland nicht zuletzt, wollen das Ihre tun, um denen zu helfen, die unverschuldet in Not geraten sind. Regierungen legen Hilfsprogramme auf. Kirchen, Verbände und Organisationen wie »Ärzte ohne Grenzen« oder »Grünhelme« engagieren sich, indem sie geschultes Personal in die Katastrophen- und Kriegsgebiete entsenden. Menschen spenden so viel wie nie zuvor.

Dass dies nie genug und oftmals nur ein Tropfen auf den heißen Stein ist, ändert nichts daran, dass unterdessen auch so etwas wie ein Bewusstsein der globalen Zusammengehörigkeit gewachsen ist: ein Verlangen nach Gemeinsamkeit, ein WIR-Gefühl, das als humanitäre Verpflichtung empfunden wird. Mit der »Willkommenskultur«, die die Deutschen im Herbst 2015, als Hunderttausende von Kriegsflüchtlingen ins Land strömten, spontan und zunächst noch ohne politische Vorgabe zeigten, haben sie international beeindruckt. Das entsprach dem, was sich die Menschen heute von einer humanitären Weltgemeinschaft erhoffen.

Tatsächlich ist die Globalisierung ein dialektischer Prozess, in dem das Bedrohliche dem Menschen immer auch bewusst macht, wozu er um seiner selbst und seiner Kinder willen verpflichtet ist. Der Begeisterung über die neuen Möglichkeiten des Handels und der wirtschaftlichen Expansion folgt die spontane, unbewusst humanistische Selbstbesinnung. Sie wird geradezu provoziert von den Schäden, die in der ersten Euphorie der Gewinnmaximierung zumeist aus wirtschaftlichen Interessen angerichtet wurden. Im Gedanken der einen Welt und der Vision von der einen Menschheit offenbart sich – besonders in Krisenzeiten – die Hoffnung auf etwas Besseres. Aufs Neue werden wir uns der Gemeinsamkeit bewusst, des Besseren in uns.

Globalisierung ist nicht nur internationale Konkurrenz und Wettkampf um Ressourcen, sondern auch die aus der Not geborene Erkenntnis, dass wir ein gemeinsames Schicksal teilen. Sie ist die große Chance für eine neue Haltung der Menschlichkeit und Rücksichtnahme. Durch die Globalisierung der Welt rücken wir uns näher. Wir nehmen die Verantwortung für den nicht- oder andersgläubigen Bruder oder die andersfarbige Schwester ernster, obwohl wir ihnen familiär nicht unmittelbar verbunden sind. Gerade weil unsere Erde aus dem Gleichgewicht zu geraten droht und wir Gefahr laufen, die Balance des eigenen Lebens zu verlieren, schärft sich das Bewusstsein für diese Situation. Schärft sich auch der Blick auf andere Kulturen und die große Vielfalt der Menschen, nicht selten zunächst noch ängstlich, weil wir den anderen Menschen häufig weder verstehen noch die Rituale des Zusammenlebens begreifen.

Nicht anders verhält es sich mit unserer Beziehung zur Natur, zur Tier- und Pflanzenwelt. Auch da wird es vielen erst jetzt – im Moment ihrer Bedrohung – bewusst, wie sehr wir auf den sorgsamen Umgang mit diesen natürlichen Ressourcen angewiesen sind. Wenn wir sie weiterhin nur ausbeuten, weil wir sie – die Tiere und Pflanzen – nicht als unsere Mitgeschöpfe verstehen und respektieren, wird es über kurz oder lang nicht mehr genug zum Überleben für alle geben.

Wie gestört das natürliche Gleichgewicht bereits ist, zeigt die Häufung der Naturkatastrophen in den letzten Jahren – größtenteils Folgen der intensiven Bewirtschaftung unserer Natur, eines Raubbaus, der dann wiederum humanitäre Katastrophen nach sich zieht, Überschwemmungen, Dürreperioden, Wassermangel und Hungersnöte oder Epidemien. Es genügt also keineswegs, sich großzügig zu erweisen, wenn die Katastrophen bereits eingetreten sind. Wir müssen vorausschauend denken und jetzt anders handeln! Die Verantwortung für den Nächsten verlangt deshalb, die Natur heute schon vor mutwilliger Zerstörung, ungebremster Betonierung, Bebauung und wirtschaftlicher Ausplünderung zu schützen, auch durch Verzicht auf unsinnigen Konsum. Da kann jeder für sich Gutes an der Gemeinschaft tun. Denn die Natur ist nun einmal Teil unseres Lebens, so wie wir Teil der Natur sind. Für das dauernde Leben in einer Raumstation sind wir nicht geschaffen. Wir brauchen die natürliche Umgebung, Pflanzen und Tiere, nicht nur für unsere Ernährung, sondern auch, um seelisch überleben zu können, zur Muße und Entspannung ebenso wie zur Inspiration. Sie ist für uns so unabdingbar wie die Gesellschaft der anderen.

Glauben und Überzeugungen festigen die Persönlichkeit

Die Freiheit des eigenen Denkens folgt aber erst aus der Toleranz, mit der wir den anderen begegnen, sie anerkennen, ohne Forderungen zu stellen.

Noch lange nicht sind wir »ein einzig Volk von Brüdern« geworden, wie es sich der deutsche Schriftsteller Friedrich Schiller, ein Großer der Weltliteratur, in seinem *Wilhelm Tell* erträumte, dem letzten Drama, das er 1804, ein Jahr vor seinem frühen Tod, vollendete. Viel zu oft noch liegen wir uns als Schwestern und Brüder der einen, der einzigen großen Weltfamilie in den Haaren, weil dieser oder jene darauf beharren, im »rechteren« Glauben als die anderen zu leben, der besseren Überzeugung anzuhängen.

Wir sind aber alle aus dem gleichen Stoff gemacht, und das nicht nur rein körperlich. Auch seelisch und geistig sind wir uns sehr viel ähnlicher, als es manchen Politikern, Ideologen oder religiösen Fanatikern recht sein mag. Alle empfinden wir dasselbe: Freude, Liebe, Trauer, Hass. Ja, auch die Angst, die Abneigung und die bedrohlichen Emotionen gehören zu unserem Menschsein. Nur ausgemachte Heuchler können das leugnen, nur Träumer daran glauben, dass der Mensch immer und überall gut ist.

Wer sich im Recht dünkt, muss es noch lange nicht sein, schon gar nicht auf Dauer. Keiner hat bisher den »Stein der Weisen« gefunden, kein Arzt, kein Forscher, kein Priester, kein Philosoph. Selbst in den Naturwissenschaften haben viele Erkenntnisse, die lange Zeit als unumstößlich galten, sich nachher nur als bedingt zuverlässig, wenn nicht gar als Irrtümer erwiesen. Niemand käme heute noch auf die Idee, unsere Welt allein nach den Gesetzen der klassischen Mechanik eines Isaac Newton (1643-1727) erklären zu wollen. Auch die katholische Kirche möchte heute nicht mehr daran erinnert werden, dass sie Galileo Galilei 1616 zum Widerruf seiner wissenschaftlichen Erkenntnisse zwang. Diese waren für die Kirche damals unannehmbar, weil sie unvereinbar waren mit dem biblisch begründeten Glauben, nach dem die Erde, die göttliche Schöpfung, das Zentrum des Universums sein sollte. Erst 1992 hob der Vatikan die Verurteilung des Astronomen auf. Seinerzeit jedoch war sie für die Gläubigen auch ein Akt der Selbstbehauptung.

Wir alle, jeder für sich, Gläubige wie Atheisten, brauchen etwas, von dem wir überzeugt sind, an das wir glauben können, wenn wir uns im Leben orientieren wollen. Daraus erwachsen unsere Selbstsicherheit und die Tatkraft, zumal dann, wenn wir diese Überzeugungen mit anderen teilen. Keineswegs aber muss dieser eigene Glaube auch für jedermann an jedem Ort und zu jeder Zeit der allein seligmachende sein. Nur das, woran wir freiwillig glauben, kann uns befreien. So gewinnen wir die Souveränität, auch den anderen ihre Ansichten zuzugestehen. Überzeugungen, die wir notgedrungen annehmen, weil es die politischen Verhältnisse oder der dogmatische Alleinvertretungsanspruch einer Religion oder deren Oberhäupter verlangen, führen zur Entfremdung von der eigenen Persönlichkeit. Individuelle Unzufriedenheit und der Zerfall der Gemeinschaft sind die Folge. Die Religionskriege der Vergangenheit legen dafür ebenso Zeugnis ab wie die späteren Diktaturen verschiedenster Prägung, rote und braune, oder der islamistische Terror unserer Tage.

Wo es um Überzeugungen geht, auf die wir unser Leben gründen können, ist mit Gewalt nichts auszurichten. Als um 1550 in einer deutschen Kleinstadt ganz in meiner Nähe, in Hattingen an der Ruhr, die Pfarrstelle neu zu besetzen war, schickte der dafür zuständige Abt aus Deutz wie seit jeher üblich einen römisch-katholischen Priester. Unterdessen aber hatten die Bürger des Ortes zu großen Teilen das Bekenntnis gewechselt. Sie waren Protestanten, also evangelisch geworden. Der Katholik stieß auf heftige Ablehnung, sodass er sich nicht durchsetzen konnte. Was tat der findige Mann, ein freier Geist in seinem Glauben, daraufhin? Er tat sich mit einem lutherischen Kollegen zusammen und hütete mit ihm im Gespann fortan die Schäfchen an der Ruhr. Gelebte Ökumene im 16. Jahrhundert.

Bis heute aber fremdeln die Religionen weltweit miteinander. Und trotzdem erkenne ich in der kleinen Geschichte Hattingens auch ein erfreuliches Zeichen, das Hoffnung macht. Zeigt es doch, dass sich die Kultur der Annäherung und des gegenseitigen Respekts verschiedener Weltanschauungen nicht von oben verordnen lässt.

Erst wenn wir wieder soziales Engagement und Verantwortung in kleineren Gemeinschaften zeigen und die Angst vor dem Fremden überwinden, dieses vielmehr als eine Bereicherung unseres eigenen Lebens empfinden, wird es uns gelingen, größere Veränderungen in der Gesellschaft zu erreichen. Mündigkeit, würdevolles Verhalten untereinander und Gemeinsinn lassen sich nun einmal in weniger großen Gemeinschaften besser verwirklichen als in der Anonymität, etwa eines europäischen Großreiches, für das wir uns nicht nur politisch, sondern auch menschlich und kulturell erst noch qualifizieren müssen. Ganz abgesehen davon, dass die bürgerschaftliche Rückbesinnung auf den unmittelbaren Lebensraum, in dem jeder noch mitreden, gegebenenfalls eingreifen und mitgestalten kann, ein wirksames Mittel ist, den autoritären Tendenzen in der Politik entgegenzuwirken.

»Es ist alles schon zu spät, wir haben keine Zeit mehr, die Aufgabe ist zu gewaltig und unsere Kräfte sind zu gering«, sagen die Skeptiker. »Seien wir realistisch, versuchen wir das Unmögliche!«, hat der kubanische Revolutionär Che Guevara einmal gesagt. Es ist ein Geschenk, leben zu dürfen, sage ich. Aber es ist gleichzeitig auch eine wundervolle Herausforderung, dieses Leben so zu gestalten, dass die Spur von unsern »Erdentagen nicht Äonen untergeht«, wie es am Ende von Goethes großer Faust-Dichtung visionär heißt. Dazu passt folgende Geschichte aus dem Orient: Als der Meister hörte, dass ein Wald durch ein Feuer vernichtet worden war, rief er seine Schüler und sagte: »Wir müssen die Zedern wieder anpflanzen.« »Die Zedern?«, murrte ein Schüler skeptisch, »die brauchen doch 1000 Jahre zum Wachsen.« »Stimmt«, sagte der Meister, »gerade deswegen dürfen wir keine Minute verlieren.«

Wäre es nicht lohnend, sich mehr an solchen Geschichten zu orientieren, als im Interesse politischen Machterhalts oder der Mehrung des eigenen Wohlstands alles auszugrenzen, was keinen kurzfristigen Erfolg, keinen Gewinn verspricht? Was ist gewonnen, wenn immerfort einer dem anderen vorhält, die falsche Gesinnung, den falschen Glauben zu haben?

Man muss kein griesgrämiger Pessimist sein, um den Eindruck zu gewinnen, dass sich die Lage gerade gegenwärtig und weltweit gefährlich zuspitzt, nicht zuletzt infolge der Ausbreitung radikalisierter und terroristischer Bewegungen einerseits und nicht durchweg vernünftiger Gegenreaktionen andererseits. Mit dem Verweis auf die terroristische Bedrohung expandieren die staatlichen Machtapparate vielerorts. Auch in den demokratisch verfassten Ländern droht die Politik restriktiver und totalitärer zu werden. Abweichler werden schnell

Verdächtigungen ausgesetzt. Zweifel ist unerwünscht. Es wächst die Gefahr, dass wir schleichend in eine Epoche des Uniformismus gleiten, in eine »bleierne Zeit«, in der das eigenverantwortliche Individuum nicht nur keinen Spielraum mehr hat, sondern sich gar nicht erst entwickeln kann.

Dass Politik die Anpassung des Einzelnen will, ist nichts Neues. Nur: Heute hat diese Dynamik eine ganz andere Kraft und Gefährlichkeit. Staaten haben es in räumlich begrenzten Bereichen immer wieder geschafft, den Einzelnen zu entmündigen und zu unterdrücken. Heute könnte dies weltweit geschehen. Künftige Politik muss sich deshalb, soll sie nicht zur Diktatur führen, durch Viererlei auszeichnen. Erstens muss sie sich an humanistisch-ethischen Wertvorstellungen orientieren, die über den Tag hinausreichen und der Vielfältigkeit Platz schaffen. Durch ihr kurzatmiges Handeln hat sich die Politik schon viel zu sehr in die Abhängigkeit totalitär agierender Autokraten begeben. Zweitens sollten die Politiker nicht nur parteilich, sondern vor allem fachlich qualifiziert sein, sei es, dass sie das Bildungs-, das Finanz-, das Gesundheits-, das Verteidigungs- oder sonst ein Fachressort verantworten. Dabei sollten sie sich einer Sprache bedienen, die so klar ist, dass jeder Mensch auch schwierigere Zusammenhänge noch verstehen kann. Drittens brauchen wir in den Zeiten der globalisierten Wissensexplosion Entscheidungsträger, die ihrerseits auf dem neuesten Stand eines komplexen und umfassenden Wissens sind und über die Fähigkeit verfügen, übergreifend – das heißt vernetzt und auch vorausschauend – zu denken und zu handeln. Und viertens schließlich müssen wir alle, die politisch aktiven Menschen insbesondere, wieder lernen, zuzuhören, andere Meinungen zu respektieren. Der demokratische Dialog, die kritische Reflexion anderer Gedanken ist gefordert, nicht die einseitige Machtausübung.

Wenn ein Staat, wenn Entscheidungsträger in der Politik, in Firmen, im Sozial- und Gesundheitswesen oder sogar in den Kirchen die Ökonomie und nicht das Leben in den Mittelpunkt stellen, bewegt sich die Menschheit meiner Überzeugung nach in die falsche Richtung.

Anders gesagt: Wir brauchen Politiker und Entscheidungsträger, deren Überzeugungen wir teilen können, weil sie in sich so gefestigt sind, dass sie anderen Meinungen mit Toleranz begegnen können und nicht vorrangig auf ihren Machterhalt fixiert sein müssen. Menschen also, die so sind, wie wir alle versuchen sollten zu sein, um zu einer neuen Gemeinsamkeit zu finden. Ihre innere Autorität, nicht die Autorität von Amts wegen sollte die Politiker der Zukunft auszeichnen.

Alles eine Frage der Haltung

Wo er ganz er selbst ist, wird der Mensch vom Objekt zum Subjekt. Er handelt, anstatt sich behandeln zu lassen. Er lernt Wesentliches von Unwesentlichem zu trennen und mit Leidenschaft kreativ zu werden.

Immer mehr Menschen (um nicht gleich zu sagen, fast alle) sind heute nicht mehr eins mit ihrer ganz eigenen, originären Persönlichkeit.

Wir scheuen die Abweichung vom Mainstream, wir versuchen zu reden, wie alle reden, tragen, was alle tragen. Wir finden nichts mehr dabei, auch gedanklich mit der Mode, mit dem Zeitgeist zu gehen, äußerlich tun wir es ohnehin. Mehr und mehr Menschen legen sich sogar unters Messer, um so auszusehen, wie es das Schönheitsideal der verführerischen Konsumgesellschaft will. In manchen Ländern der westlichen Welt wie auch im Orient werden sogar Brust- oder Nasenoperationen Mädchen zum Geburtstag geschenkt.

Und dennoch, selbst wenn es uns gelungen ist, die eigene Persönlichkeit mit beträchtlichem materiellem Aufwand und bisweilen sogar unter Schmerzen so zu konfektionieren, dass sie dem angesagten Standard innerlich und äußerlich entspricht, fühlen wir uns am Ende irgendwie unausgefüllt, fremd im eigenen Kopf und Körper. Wir sind keineswegs so beschwingt, vital und tatendurstig, wie es uns die Werbung, auch die politische, versprochen hat. Vielmehr beschleicht uns das bedrückende, nicht selten lähmende Gefühl, gar nicht mehr selbst zu leben, sondern gelebt und verwaltet zu werden – Objekt zu sein.

Alle sollen wir immer politisch korrekt Regeln befolgen, gut drauf sein, fröhlich, locker und in bester Kauflaune. Was den Spaß verderben könnte, wird verdrängt. Obwohl es die Kehrseite allen Glücks ist, wollen wir uns mit dem Leid nicht beschäftigen, keinen Gedanken an den Tod verschwenden, obwohl er zum Leben gehört. Dabei wissen wir doch alle, dass nichts schlimmer ist als die Angst davor. Nicht das Sterben an sich und auch nicht der schreckliche Schicksalsschlag können uns die Lebensfreude auf Dauer verderben, wohl aber kann sich die vorauseilende Angst vor dem Tod zu einem Dämon auswachsen, vor dem wir dann lebenslang auf der Flucht sind. Wer sich mit der Vergänglichkeit seines Erdendaseins nicht abzufinden vermag, erschöpft sich bis zur Freudlosigkeit im Kampf gegen das Unausweichliche, immer wieder sogar durch religiösen Fanatismus oder durch abstruse Allmachtfantasien. Wir sind nun einmal Geschöpfe, aber nicht die Schöpfer unserer selbst, auch wenn sich manche Wissenschaftler zu Visionen versteigen, die uns das glauben machen wollen. Wer auf einen solchen Schwindel hereinfällt, macht sich selbst zum Objekt wahrhaft unmenschlicher Experimente. Homunkulus, das künstlich erzeugte Menschlein in Goethes *Faust*, war nicht lebensfähig.

Die Gefahr der Depression wächst, sobald wir mit uns selbst nicht einig sind und den falschen Versprechen eitler Propheten aufsitzen – uns behandeln lassen, wo wir doch selbst als eigenständig denkende und handelnde Persönlichkeiten in Erscheinung treten sollten. Wenn er das aber nicht mehr tut, verliert der Mensch seine Gestaltungsspielräume. Eingepfercht in die Vorstellungen anderer, fühlt er sich ohnmächtig. Er resigniert bewusst oder unbewusst, indem er sich aus dem öffentlichen Leben in eine Privatsphäre zurückzieht, die er sich dann wiederum so ausstaffiert, wie es ihm andere, die Hersteller der Produkte oder deren Werbung, nahelegen.

Ein Teufelskreis, aus dem nur ausbrechen kann, wer den Perspektivenwechsel wagt. Um wieder zu uns selbst zu finden und voranzukommen, müssen wir die Rolle rückwärts wagen: weg von der Reaktion, hin zur Aktion. Einzig mit der Leidenschaft zur aktiven Gestaltung des eigenen Lebens kann jeder von uns der Resignation des Wohlstands entgegenwirken und herausfinden, was für ihn wirklich wichtig ist und was ihn doch bloß belastet, weil es ihm im Grunde seines Wesens fremd ist. So wenig Heidi Klum der Maßstab für die Attraktivität jeder Frau sein kann, so wenig können es ein Fußballer wie David Beckham oder ein Schauspieler wie George Clooney für jeden Mann sein, um das Problem einmal mit einem modernen Gleichnis zu erhellen.

Der kategorische Imperativ unserer Tage sollte deshalb lauten: Nimm dein Leben selbst in die Hand. Sei Steuermann oder Steuerfrau deines eigenen Wegs. Schaff dir deine eigenen Gestaltungsräume. Lass dich nicht leben, lebe! Reagiere nicht länger, sondern handle wieder selbst. Sei deine eigene »Marke«. Denn genau so, als unverwechselbare Persönlichkeiten, brauchen wir alle einander. Nur als selbstbewusste Individuen können wir eine Gemeinschaft bilden, die den Namen verdient.

Sicher, diese Umkehr, die Rückbesinnung auf das eigene Selbst, kostet Kraft, auch Mut und Ausdauer. Die Haltung, um die es geht, wird niemandem geschenkt. Andererseits können wir aus dieser Haltung, haben wir uns erst einmal dazu durchgerungen, die bequemen Wege der Anpassung verlassen, wieder Kraft tanken und Energie gewinnen. Ein seelisches Wohlbefinden, das letztendlich sogar den Körper medizinisch nachweisbar stärkt. Nicht zufällig kann der Begriff der Haltung sowohl für unsere seelische und geistige Stärke als auch für einen kräftigen Rücken stehen. Wer sich durch eine gute Haltung auszeichnet, geht aufrecht durchs Leben, ganz gleich, ob diese Feststellung nun wortwörtlich auf den aufrechten Gang oder im übertragenen Sinn auf die geistig moralische Standfestigkeit bezogen wird. Beides muss nicht zwangsläufig zusammengehören, kann aber doch in enger Beziehung zueinander stehen.

Wären wir beherzt genug, uns das bewusst zu machen, und selbstbewusst genug, unsere Haltung zu ändern, wieder mehr zu uns zu stehen, könnte sich vieles ändern. Es würden sich Perspektiven eröffnen, die wir als weitgehend fremdbestimmte und medial verführte Wesen gar nicht wahrzunehmen vermögen. Höchste Zeit also, sich gegen den persönlichkeitsdeformierenden und letztlich krankmachenden Trend der geistigen und der materiell dinglichen Uniformierung aufzulehnen. Höchste Zeit, sich wieder für sich selbst Zeit zu nehmen, in sich hineinzuhören und sein Leben selbst in die Hand zu nehmen. Schließlich ist das große Ganze dieser Welt keine mechanische Konstruktion, in der wir (jeder an seinem Platz) als Rädchen funktionieren müssen, eher schon ein Gesamtkunstwerk, dessen unbeschreibliche Schönheit sich aus der Vielfarbigkeit verschiedener Hautfarben, Kulturen, Religionen und mitmenschlicher Gefühle zusammensetzt: Bezaubernder Welten, deren ungeahnte Schätze des Andersartigen uns mit Fröhlichkeit und neuer Energie stärken könnten. Als Arzt weiß ich, wie eine solche »Klimaveränderung« körperlich und auch gefühlsmäßig heilend wirken würde. In der Verbundenheit mit allen wirkt jeder Einzelne daran mit, indem er als unverwechselbares und selbstverantwortliches Individuum seinen Teil dazu beiträgt. Jeder kann etwas tun, und alle gemeinsam müssen wir uns für die Vielfältigkeit einsetzen. »Wir müssen die Veränderung sein, die wir in der Welt sehen wollen«, hat Mahatma Gandhi (1869-1949) einmal gesagt.

Nur allzu oft aber sind unsere Herzen blockiert. Geistige und gefühlsmäßige Überlastung verstellt den Blick auf das Wesentliche, weil wir ständig abgelenkt sind von uns selbst. Aufbruch zu uns, in den wertvollsten Kosmos, den wir haben, wäre eine gute Alternative: Vom ICH zum DU zum WIR. Das Kind muss, wenn es in den Spiegel schaut, erst einmal lernen, in dem DU, welches es da sieht, das ICH zu erkennen. Langsam entdeckt es sein Selbstbewusstsein. Es entwickelt eine Haltung, die es ihm schließlich erlaubt, die anderen als solche wahrzunehmen. Schritt für Schritt werden die Kinder Teil einer Gemeinschaft, die sie umso mehr trägt, je mehr sie ihr als Persönlichkeit zu geben in der Lage sind.

Es geht immer darum, dem Einzelnen Freiraum zu geben, damit er sich entwickeln kann, mit seinen Fähigkeiten, mit seinen Bedürfnissen und dem Respekt vor einer Gemeinschaft, in der sich die anderen ebenso entfalten wollen. Selten ist das den Menschen im Laufe der Geschichte so eindringlich vorgeführt worden wie heute, da die Flüchtlingsströme weltweit anschwellen, stärker als bei jeder früheren Völkerwanderung. Mehr als 60 Millionen sind derzeit auf der Flucht. Jeden Tag verlassen durchschnittlich circa 42.000 Menschen, davon 21.000 Kinder und Jugendliche (laut dem Flüchtlingsreport der Vereinten Nationen 2015) ihre Heimat auf der Suche nach Frieden, Sicherheit und einem menschenwürdigen Auskommen. Mehr denn je wird unsere Zukunft von dem friedlichen Nebeneinander unterschiedlicher Religionen und Glaubensbekenntnisse auf engstem Raum gekennzeichnet sein. Dafür muss es selbstverständlich Regeln geben. Vor allem aber sollte gelten: Verurteile den Einzelnen nicht für das, was er ist, sondern fördere ihn, damit er selbstbewusst zur Stärkung der Gemeinschaft beitragen kann. Fördere ihn bewusst, damit die Integration leichter fällt. Fördere ihn so wie deine eigenen Kinder, denn auch sie müssen das respektvolle Handeln, den demokratischen Dialog genauso wie die Errungenschaften der Menschen- und Frauenrechte und der Freiheit erlernen; lernen, sehr bewusst Verantwortung zu übernehmen. Jung bleiben entsteht im Kopf!

Wirkliches Glück ist nichts, das man nur für sich erleben könnte. Es sucht einen größeren Raum. Es verbindet, denn es stiftet Beziehungen und Gemeinschaft. Es macht den Menschen stärker, weil es ein tragendes Element ist, wenn man sich eins fühlt mit allen und allem. Dieses Glück überwindet die Begrenzung des Egos, des eigenen Ichs. Weder benebelt es wie eine berauschende Droge noch stimmt es den Einzelnen passiv oder gar lethargisch. Ganz im Gegenteil gibt es uns Kraft und schöpferischen Mut.

AUF DIE HALTUNG KOMMT ES AN!

Mit Kopf und Herz, mit Vernunft und Leidenschaft formt sich der Mensch zum ICH

Aus dem Zusammenspiel von Seele und Verstand ergibt sich das Kunstwerk Leben, von Mensch zu Mensch anders, aber immer eingebunden in das Gesamtkunstwerk einer neuen Geschwisterlichkeit.

Mit dem kühlen Verstand allein lässt sich das Leben nicht meistern. Auch der Naturforscher, der Kernphysiker oder der Biogenetiker muss für sein Thema »brennen«. Alle sind sie mit Leidenschaft bei der Sache, selbst wenn sie meinen, es käme nur darauf an, alle Lebensprozesse naturwissenschaftlich zu erklären. Das ist, mit Verlaub, blanker Unsinn. Je unerbittlicher, also emotionaler die strengen Wissenschaftler und Rationalisten darauf beharren, alles und jedes müsse sich logisch und sachlich erklären und beherrschen lassen, desto offensichtlicher widersprechen sie dem eigenen Denkansatz. Die vor Jahren euphorisch gefeierte Entschlüsselung des menschlichen Genoms hat keineswegs dazu geführt, dass wir Herr über alle Krankheiten geworden wären. Ebenso wenig sind wir dadurch in die Lage versetzt, das menschliche Verhalten und Denken, geschweige denn unsere Gefühle bestimmen oder zuverlässig steuern zu können.

Wohl kann jeder von uns im Lauf des Lebens lernen, seine Emotionen, seine Gefühlswelt, zu beherrschen. Abschalten kann sie keiner, so »cool« er auch tun mag. Unsere Seele ist keine Komponente, die man austauschen könnte wie den Anlasser eines Autos; unser Geist ist kein Computer, der sich nach Belieben hoch- oder runterfahren ließe. Zwar kann das Gehirn als einziges der menschlichen Organe denken, doch verfügt es wie alle anderen auch über die Fähigkeit zu fühlen. Als Organ des Geistes formt es sich mit der Entwicklung des Körpers, mit seinem Wachsen und seinem Verfall. Es wirkt auf ihn zurück, so wie der Körper seinerseits unser Denken und Fühlen beeinflusst.

Was aber wären wir ohne unsere Seele? In der Tat nicht mehr als ein Funktionssystem wie ein Motor, der sich je nach Bedarf reparieren ließe. Einerseits eine verlockende Vorstellung. Viele Unwägbarkeiten der Behandlung wären damit von vornherein ausgeschlossen. Nur könnte es dann nicht auch geschehen, dass wir eines Tages statt des warmen, des fühlenden Herzens eine Maschine in der Brust tragen, einen kalten Stein wie der Kohlenmunk-Peter in Wilhelm Hauffs (1802-1827) Märchen *Das kalte Herz*?

Fraglos ist es eine der größten Errungenschaften der modernen Medizin, dass wir heute in der Lage sind, menschliche Organe zu transplantieren, im Notfall sogar das Herz. Tausende Leben werden so tagtäglich rund um die Welt gerettet. Allerdings haben auch alle, die bisher das Glück hatten, ein Spendenherz zu bekommen, nachher berichtet, dass sie weiterhin so fühlten wie zuvor, sich im Wesen nicht verändert hätten.

Es muss also noch etwas in uns geben, das wir organisch so einfach nicht verpflanzen können, weil es ausschließlich zu uns, zu einem jedem Selbst, zu unserem ICH gehört und unser ganz persönliches Menschsein ausmacht: die Seele. In den meisten Kulturen und Religionen wurde ihr Sitz früher im unermüdlich schlagenden Herzen vermutet. Das Leben galt als Herzensangelegenheit. Zugleich aber war man sich sicher, dass die Seelen der Menschen, in manchen Naturreligionen auch die Seelen der Tiere, unsterblich sind. Noch der große deutsche Philosoph Georg Wilhelm Friedrich Hegel (1770-1831), beileibe kein religiöser Mystiker, sondern ein überzeugter Anhänger der Aufklärung, sprach von der Seele als dem »Lichtfaden, mit dem wir an den Himmel geknüpft« sind. Goethe glaubte, beim Tod verhalte es sich mit der Seele wie mit der Sonne: Sie scheint »bloß unseren Augen unterzugehen«, während sie in Wahrheit »unaufhörlich fort leuchtet«. Denn sie verbindet uns mit »dem, der da ist, der da war und der da sein wird«.

Tatsächlich hat sich die Seele bis heute, anders als das Gehirn, organisch nicht nachweisen lassen. Kein Mikroskop, kein Tomograph vermag sie sichtbar zu machen, mit keinem Computer lässt sie sich auffinden. Sie ist mehr als der fühlende und denkende Geist, sie ist der unfassbare und dennoch prägende Ausdruck unseres

Menschseins. Wir spüren sie in der Not wie im Glück. Sie gibt uns existenziellen Halt. Aus ihr können wir die Kraft schöpfen, mit den Wechselfällen des Lebens besser fertig zu werden.

Wir sollten uns dessen wieder bewusst werden und nicht länger der Versuchung erliegen, allein auf die Segnungen des technisch-wissenschaftlichen Fortschritts zu vertrauen. Bei allem, was er uns bringt, als praktizierender und forschender Arzt weiß ich das wohl zu schätzen, birgt die Fixierung auf ihn doch auch die Gefahr in sich, dass wir uns als Menschen verlieren. Zu Unrecht ist die Spiritualität, der Glaube an die geistige Dimension hinter den Dingen, im Zuge der faszinierenden Erfolge naturwissenschaftlicher Forschung in Verruf geraten. Gerade weil wir heute mehr denn je versucht sind, alles auszuprobieren, was technisch machbar erscheint, bis hin zum computergesteuerten Menschen, bedürfen wir mehr denn je der Rückbesinnung auf die ureigene Seelenkraft und das fühlende Herz, wenn wir Mensch bleiben wollen. Wie denn sonst sollten wir zukünftig noch Begeisterung und Leidenschaft oder Verliebtheit und Freude, die Verbundenheit mit den anderen, aber auch Trauer und Leid, das Leben an sich spüren können?

Was wir wieder brauchen, ist eine Kultur des Herzens und der Herzlichkeit, die Herzensbildung, wie man früher sagte. Haltungen wie Liebe, Mitgefühl und Mitleiden, aber auch Barmherzigkeit spielen hier eine wichtige Rolle.

Das heißt, mit dem Herzen da zu sein für den anderen, aber auch für die Natur, die Pflanzen- und Tierwelt. Wir leben heute in einer Gesellschaft des Wegschauens. Es geht aber darum, wieder hinzusehen und sich dem Leben in allen Facetten zuzuwenden. Der Akt der Zuwendung selbst ist bereits ein ganz entscheidender Schritt. Dazu freilich bedarf es mehr als des berechnenden Verstandes. Es bedarf einer emotionalen Bereitschaft, einer tief empfundenen Liebe zum Leben, zum Nächsten, wie fremd er uns auch sein oder zunächst erscheinen mag.

Es ist noch gar nicht so lange her, da hat man sich unbefangen und freundlich begrüßt, wenn man sich, eigentlich unbekannt, in einem großen Gebäude über den Weg lief. Wo erleben wir das heute noch? Immer öfter beobachte ich sogar in der nächsten Umgebung, was ich früher nur aus Großstädten kannte: Die Leute schauen weg, sehen auf den Boden, schließen sich voneinander ab, geben sich weniger die Hand. Die Scheu vor der emotionalen Berührung ist augenscheinlich.

Weil wir unseren Gefühlen nicht mehr trauen, nur noch überlegen, was uns womöglich widerfahren könnte, haben wir verlernt, so zu reagieren, wie wir es spontan gern täten. Immer mehr drängt sich die Angst als das einzige Gefühl, zu dem uns die Ratio noch rät, in den Vordergrund. Wir haben Angst vor der Ansteckung, Angst vor dem Alter und dem Alleinsein, Angst vor dem sozialen Abstieg. Besonders aber haben wir Angst vor Fremden, die zuallererst durch ihre Hautfarbe, durch eine andersartige Haar- und Barttracht oder durch ihre Kleidung und äußere Erscheinung auffallen. Von ihnen fühlen sich Menschen immer wieder bedroht, besonders wenn die sprachliche Verständigung nicht klappt. Diese Angst-Haltung ist in allen Kulturen zu finden. In China beispielsweise ist der Weiße seit Jahrhunderten als „Langnase" bekannt. Wir Menschen fürchten, dass andere uns etwas wegnehmen könnten. Wir haben Angst vor Gewalt und Terror. Jeder Mensch kennt dieses Gefühl. Nicht immer sind diese Ängste unberechtigt, keineswegs. Auf die politischen Gesundbeter, denen nichts Besseres einfällt, als die Gefahren, derer sie nicht Herr werden, zu bagatellisieren, war noch nie viel zu geben. Töricht handelt, wer seine Ängste schlichtweg ignoriert. Sie lassen sich so wenig weglachen wie Trauer und Leid.

Natürlich brauchen wir ein emotionales Korrektiv, um nicht den Spekulationen einer Ratio – des Verstandes – zu erliegen, die sich allmächtig dünkt. Genauso bedarf es aber auch einer Vernunft, die uns davor bewahrt, aufschäumender Leidenschaft blindlings zu folgen. Die im wahrsten Sinne des Wortes mörderischen Folgen derartiger Enthemmung haben wir ja gerade während der letzten Monate in immer kürzeren Abständen erlebt, zuerst in Paris, dann in Brüssel, später in Istanbul und in Orlando, in Nizza oder Bayern. Nicht zu reden von den Attentaten in Israel, in Ägypten, in Pakistan oder in Afrika.

Je mehr die Balance zwischen Kopf und Herz, Vernunft und Leidenschaft aus dem Gleichgewicht gerät, desto mehr droht uns eine seelenlose Zukunft. Nur wenn Denken, Fühlen, Handeln und unsere Körperlichkeit wieder als das Ganze begriffen werden, das mehr ist als die Summe seiner Teile, kann die Seele ein Zuhause finden. Nur dann werden wir im friedlichen und liebevollen Einklang mit uns und der Welt auskommen – im engeren Lebensraum ebenso wie auf dem gesamten Erdball. Anders, fürchte ich, wird es uns kaum gelingen, die Heilkräfte, die in jedem von uns liegen, neu zu entdecken.

Dabei bedarf es zu dieser seelischen Einkehr gar keiner besonderen Anstrengungen, keiner Selbstfindungsseminare, und nur in besonderen Fällen psychotherapeutischer Hilfestellung. Schon mit dem offenen Blick und einem Lächeln können wir uns und den anderen näher kommen. Wer glaubt, stets eine wichtigtuerische Miene aufsetzen zu müssen, um bedeutend zu wirken, isoliert sich selbst.

Ein einfaches Lächeln stiftet sofort eine herzliche Gemeinschaft. Es überwindet Grenzen. Jeder kann es auf der ganzen Welt spontan verstehen, wie ein Kind. Ohne die Sprache des anderen zu beherrschen, kann er mitlachen, weil er spürt, dass ihm ein Mensch gegenübersteht, der noch von Herzen und unvoreingenommen fröhlich sein kann. Wenn wir darauf wieder mehr vertrauen dürften, müssten wir uns um unsere Zukunft sehr viel weniger Sorgen machen. Mit Vernunft und Leidenschaft zugleich könnten wir Herr unserer Ängste werden. Eine gemeinsame Weltsprache würde vieles erleichtern. Die enormen, heute bereits vorhandenen technischen Möglichkeiten zur sofortigen Direktübersetzung für den Dialog der Menschen einzusetzen, wäre das Gebot der Stunde. Jeder könnte als Kind der Weltgeschichte eine tragende Rolle im großen Welttheater einer neuen Geschwisterlichkeit spielen.

Mut zur Gemeinsamkeit

An Erkenntnissen und Einsichten mangelt es der Welt keineswegs. In immer kürzeren Abständen verdoppelt sich das Wissen der Menschheit. Höchste Zeit also, dass WIR daraus handelnd Konsequenzen ziehen, nicht erst morgen oder irgendwann, sondern heute, ganz unmittelbar!

Heute müssen WIR Ernst machen mit der Einsicht, dass wir alle Geschwister, Brüder und Schwestern, sind, auf Gedeih und Verderb eingebunden in die eine Menschheitsgeschichte und das große Weltganze.

Heute müssen WIR das angehäufte Wissen der Menschheit über alle fachlichen und sonstigen Grenzen hinweg zusammenführen, den Weltgeist in seiner Komplexität erfassen, in der Einheit von Natur, Seele und Verstand.

Heute müssen WIR uns auf das Wesentliche besinnen und lernen, mit den Ressourcen dieser Erde so hauszuhalten, dass unsere Kinder und Enkel, alle Menschen, Tiere und Pflanzen auch in der Zukunft noch genug für ein lebenswertes Leben haben.

Heute müssen WIR erkennen, dass sich das Leben nicht in der Arbeit um ihrer selbst willen erschöpft. Arbeit ist mehr als ein bloßes Mittel zur Lebenserhaltung und zur Erfüllung von Konsumwünschen. Zufriedenstellende Arbeit ist auch eine kreative Herausforderung, die Zukunft der Welt mitzugestalten, zum Glück aller.

Heute müssen WIR diejenigen für Toleranz, Respekt und unsere humanistische Haltung begeistern, die Zwist und Unfrieden zwischen den Menschen, den Völkern und den Religionen stiften, die uns unserer Freiheit berauben, um selbst unumschränkt herrschen zu können.

Heute müssen WIR den Kindern mit unserer vorausschauenden Zuversicht Vorbild sein, damit sie später selbst den Mut haben, weltoffene Gemeinschaften und Familien zu gründen, um die Schöpfung friedvoll zu erhalten.

Heute müssen WIR uns auf das bewährte Wissen unserer Vorfahren besinnen, es wieder schätzen lernen, bevor es in der Fixierung auf das immer Neue für immer verloren geht. Das Wissen von gestern kann das Know-how von morgen sein.

In jedem Kulturkreis werden die Menschen entsprechend ihres Glaubens und ihrer Überzeugung auf unterschiedliche Weise versuchen, sich den drängenden Problemen der Zeit zuzuwenden. Dieser schwierige Prozess ist aber auch eine wunderbare Chance, voneinander zu lernen, gemeinsam kreativ zu werden und die

Vielfalt zu genießen. Nie waren die Möglichkeiten dafür größer als in unserer kommunikativ vernetzten Welt. Aus der Erkenntnis der Unterschiede können sich ganz neue Alternativen ergeben, ungeahnte Verknüpfungen, Synergien und gemeinschaftlich entwickelte Lösungen unermesslichen Ausmaßes. Das »Sowohl-als-auch« wird in Zukunft den menschlichen Fortschritt befördern und den Sprung zu einem humanistischeren Bewusstsein ermöglichen.

Wir stehen am Anfang eines neuen Geschichtsabschnittes der pluralistischen Weltgemeinschaft. In meiner Heimatregion in Deutschland, dem Ruhrgebiet, leben bereits 230 verschiedene Weltanschauungsgruppen und Religionsgemeinschaften. Unter diesen Menschen bin ich aufgewachsen, und hier habe ich viele Freunde aus aller Welt gefunden. In meinem medizinischen Institut arbeiten Menschen mit Wurzeln aus mehr als 20 unterschiedlichen Nationen begeistert für die Patienten aus aller Welt zusammen. Wie wir alle sind sie auf der Suche nach einer verlässlichen Orientierung in dieser globalisierten Welt. Gerade deshalb sollten wir, deshalb müssen wir offen sein für andere Wertvorstellungen, ohne gleich den festen Boden der eigenen Herkunft zu verlassen.

Wenn es uns gelingt, diesen Pluralismus friedlich zu leben, werden wir eine wirklich humane Zukunft gestalten können, in der jede Frau, jeder Mann und jedes Kind gerne leben möchte. Es führt gar kein Weg daran vorbei.

Hat doch zum Beispiel in den deutschen Großstädten bereits die Hälfte aller Jugendlichen einen Migrationshintergrund. In vielen anderen Städten der Welt wird es nicht anders sein und werden. Eine Politik der Ausgrenzung wäre da nicht nur falsch – sie ist schlichtweg unmöglich.

Genauso wie es gilt, die Kultur und die Religionen zugewanderter Menschen zu respektieren, muss dies auch umgekehrt eingefordert werden, wo immer auf der Welt sich die Notwendigkeit und die Chance des Zusammenlebens ergeben mögen. Sonst drohen Gewalt und Chaos. Es liegt daher bei jedem von uns, die ständig fortschreitende Durchdringung der Kulturen als eine Herausforderung wahrzunehmen, die neue, positive Perspektiven für alle eröffnet.

Ganz oben auf der Agenda der Menschheit muss also stehen: WIR wollen diese EINE WELT, JETZT!

Der Hippokratische Eid in der Genfer Deklaration
(September 1948)

Bei meiner Aufnahme in den ärztlichen Berufsstand gelobe ich feierlich:

mein Leben in den Dienst der Menschlichkeit zu stellen.

Ich werde meinen Lehrern die schuldige Achtung und Dankbarkeit erweisen.

Ich werde meinen Beruf mit Gewissenhaftigkeit und Würde ausüben.

Die Gesundheit meines Patienten soll oberstes Gebot meines Handelns sein.

Ich werde alle mir anvertrauten Geheimnisse auch über den Tod des Patienten hinaus wahren.

Ich werde mit allen meinen Kräften die Ehre und die edle Überlieferung des ärztlichen Berufes aufrechterhalten.

Meine Kolleginnen und Kollegen sollen meine Schwestern und Brüder sein.

Ich werde mich in meinen ärztlichen Pflichten meinem Patienten gegenüber nicht beeinflussen lassen durch Alter, Krankheit oder Behinderung, Konfession, ethnische Herkunft, Geschlecht, Staatsangehörigkeit, politische Zugehörigkeit, Rasse, sexuelle Orientierung oder soziale Stellung.

Ich werde jedem Menschenleben von seinem Beginn an Ehrfurcht entgegenbringen und selbst unter Bedrohung meine ärztliche Kunst nicht in Widerspruch zu den Geboten der Menschlichkeit anwenden.

Dies alles verspreche ich feierlich und frei auf meine Ehre.

Egal, ob schwarz, weiß, gelb oder braun:

WIR sind alle gleich
und
JEDER MENSCH ist einzigartig

Zum Autor: Dietrich Grönemeyer

Dietrich Grönemeyer ist Arzt, Professor, Institutsleiter, Buchautor, TV-Moderator und gemeinnütziger Stifter. Bis 2012 war er Lehrstuhlinhaber für Radiologie und Mikrotherapie an der Universität Witten/Herdecke. Sein besonderes Interesse gilt einer ganzheitlichen Medizin zwischen Schulmedizin und Naturheilkunde, die den Menschen wieder als Einheit von Körper, Seele und Verstand betrachtet. Viele seiner Werke wurden Bestseller; mit diesem neuen Appell „WIR" möchte er einen weltweiten Akzent für Gerechtigkeit und Menschenwürde setzen.

www.oneworldnow.de
www.dietrich-groenemeyer.com